AF391311

DECLARATION DV ROY,

PORTANT QVE LES especes d'or ne seront exposées que pour le prix de leur iuste poids.

Leuë publiée, & regiſtrée en la Cour des Monnoyes le 18. Nouembre 1639.

A PARIS,

Chez SEBASTIEN CRAMOISY, Imprimeur ordinaire du Roy, & de la Cour des Monnoyes, ruë S. Iacques, aux Cicognes.

M. DC. XXXIX.

Auec Priuilege de ſa Majeſté.

DECLARATION DV ROY,

portant que les especes d'or ne seront exposées que pour le prix de leur iuste poids.

LOVIS par la grace de Dieu Roy de France & de Nauarre. A tous ceux qui ces presentes Lettres verront, Salut. Le reglement du titre, prix, & exposition des Monnoyes estant vne des plus importantes affaires des Estats, Nous y auons toujours apporté l'ordre conuenable auec vn soin tres particulier, soit pour celles qui sont fabriquées à nos Coins & Armes,

soit pour celles des Estrangers, &
par nostre Edict du mois de Mars
mil six cents trente-six ayant aug-
menté le prix des Monnoyes, mesme des estrangeres, Nous auons
en suitte recognu que les meilleu-
res Monnoyes de France se trans-
portoient hors de nostre Royaume, & que les estrangeres y pre-
noient cours en plus grande abon-
dance; ce qui nous a obligez à mo-
derer & regler le prix de toutes especes par nos Lettres de Declaration
du mois de Iuin audit an mil six
cents trente-six, & à faire dresser
vn Cayer où elles ont esté figurées,
auec le prix & le poids pour lequel
elles deuoient auoir cours. En suitte dequoy ladite Declaration &
Cayer ayant esté enregistrés en
nostre Cour des Monnoyes, & pu-

bliez par tout noſtre Royaume, il
ſembloit qu'il ne deuſt arriuer aucune alteration au poids, ny au prix
des monnoyes. Neantmoins ſous
pretexte d'vn Arreſt de noſtre Con-
ſeil du vingt-neufiéme Mars audit
an mil ſix cents trente-ſix, interue-
nu ſur quelques difficultez qui ſe
rencontroient alors és grands paye-
ments, & pour la commodité des
Comptables, & autres qui faiſoient
le maniement de nos deniers, par
lequel il auoit eſté ordonné pour
raiſon du poids deſdites eſpeces fabriquées tant à nos Coins qu'à ceux
des Eſtrangers, qu'il en ſeroit vſé
ainſi qu'auant noſtredit Edict, bien
que çeſt Arreſt ne deuſt preiudicier
à ladite Declaration qui eſtoit po-
ſterieure, les eſpeces ont eu cours
ſans eſtre peſées, & à cauſe de ce

A iij

ont esté alterées & rongnées de telle sorte, que la plus grande partie d'icelles, & notamment celles d'or, ne sont du poids des trois quarts, ou de la moitié d'iceluy porté par nostredit Edict & Declaration. Et considerant qu'il en arriueroit vne grande diminution au prix & estimation de tous les biens du public, & des particuliers de nostredit Royaume, & vne ruine entiere au Commerce, s'il n'y estoit promptement pourueu. A CES CAVSES, sçauoir faisons que ayans fait mettre cette affaire en deliberation en nostre Conseil, où estoient nostre tres-cher & tres-amé Frere le Duc d'Orleans, plusieurs Princes & Officiers de nostre Couronne, & autres notables Personnages. DE L'ADVIS de nostredit Conseil, &

de noftre certaine fcience, pleine
puiffance, & auctorité Royale,
Nous auons dit, declaré, & ordonné, difons, declarons & ordon-
nons par ces prefentes fignées de
noftre main, Voulons & nous
plaift, que d'orefnauant à commen-
cer du iour de la publication des
prefentes, toutes les efpeces d'or
declarées, & dont les figures font
empreintes dans le Cayer attaché
à noftredite Declaration du vingt-
cinquiéme Iuin mil fix cents trente-fix, dont Copie eft cy attachée
fous le Contrefeel de noftre Chan-
cellerie, feront expofées & auront
cours par tout noftre Royaume,
Païs, Terres & Seigneuries de noftre obeiffance, pour le prix porté par noftredite Declaration &
Cayer, pourueu qu'elles foient du

poids y declaré : Et que toutes lef-
dites efpeces d'or qui fe trouueront de moindre poids que celuy
porté par ladite Declaration &
Cayer, n'auront cours & ne feront
expofées que pour la iufte valeur
de ce qu'elles peferont, à raifon
d'vn fol & fept deniers pour chacun grain d'or , dont la Piftole
d'Efpagne de poids doit pefer fix
vingts fix pour valoir dix liures,
& ainfi pour toutes autres efpeces d'or à proportion du poids
reglé au deffus de chacune figu-
re defdites efpeces par ladite Declaration. FAISANT defenfes à
toutes perfonnes, de quelque qualité & condition qu'elles foient, de
les expofer, ny receuoir à plus haut
prix que celuy de leur iufte poids,
à peine aux contreuenans pour la
pre-

premiere fois de cinq cens liures
d'amende, & de confiscation des especes, & pour la seconde de bannissement; & où ils seroient trouuez
recidiuer, de punition corporelle:
le tiers de l'amende & confiscation
applicable au denonciateur. Reuoquant entant que besoin est ledit
Arrest du vingt neufiesme Mars
mil six cens trente-six. SI DON-
NONS en mandement à nos amez
& feaux les Gens tenans nostre
Cour des Monnoyes à Paris, que
ces presentes ils fassent lire, publier,
& enregistrer, & le contenu en icelles garder & obseruer exactement,
sans qu'il y soit contreuenu en aucune maniere. ENIOIGNONS à
tous Baillifs, Seneschaux, Preuosts,
leurs Lieutenans, & autres nos Officiers qu'il appartiendra, de tenir

B

la main à l'execution des presentes, à peine d'en répōdre en leur propre & priué nom : Le tout nonobstant oppositions ou appellations quelconques; desquelles si aucunes interuiennent, nous auons reserué & attribué la connoissance à nostredite Cour des Monnoyes, & icelle interdite à toutes nos autres Cours & Iuges : nonobstant aussi quelconques Edicts, Reglements, Arrests, & Lettres à ce contraires, ausquels & aux derogatoires des derogatoires y contenuës Nous auons derogé & derogeons par cesdites presentes. A la copie desquelles deuëment collationnée par l'vn de nos amez & feaux Conseillers & Secretaires foy sera adioustée comme au present Original. Car tel est nostre plaisir. En tesmoin dequoy

Nous auons fait mettre noftre Seel à cefdites prefentes. DONNE'à Saint Germain en Laye le dix-feptiéme iour de Nouembre, l'an de grace mil fix cents trente-neuf. Et de noftre Regne le trentiéme. Signé, LOVIS. Et fur le reply, Par le Roy, SVBLET. Et feellé du grand Seel de cire iaune fur double queuë.

EXTRAIT DES REGISTRES
de la Cour des Monnoyes.

VEv par la Cour la Declaration du Roy du 17. Nouembre mil fix cens trente-neuf, fignée LOVIS, & fur le reply, Par le Roy, SVBLET, & feellée de cire iaune du grand Seel fur double queuë. Par laquelle fa Majefté pour les caufes y contenuës auroit ordonné, que dorefnauãt à cõmencer du iour de la publication d'icelle toutes les efpeces

d'or declarées, & dont les figures sont
empreintes en la Declaration de sadite
Majesté du vingt cinquiesme Iuin mil
six cens trente-six, serôt exposées & auront cours par tout son Royaume, Païs,
Terres & Seigneuries de son obeïssan-
ce, pour le prix porté par ladite Declaration, pourueu qu'elles soient du poids
y declaré, & que toutes lesdites especes
d'or qui se trouueront de moindre poids
que celuy porté par ladite Declaration,
n'auront cours, & ne seront exposées
que pour la iuste valeur de ce qu'elles
peseront, à raison d'vn sol sept deniers
pour chacun grain d'or : Auec defenses
à toutes personnes, de quelque qualité
& condition qu'elles soient, de les ex-
poser, ny receuoir à plus haut prix que
celuy reglé au dessus de chacune figu-
re desdites especes mentionnées en ladite Declaration, à peine aux contreuenans pour la premiere fois de cinq
cens liures d'amende, & de confiscation desdites especes, & pour la seconde de bannissement, & où ils seroient
trouuez recidiuer, de punition corpo-

celle ; le tiers de ladite amende & confifcation applicable au denonciateur. Reuoquant entant que befoin feroit l'Arreft du Confeil de fa Majefté du vingt-neufiéme Mars mil fix cens trente-fix. Mandant à ladite Cour faire lire, publier, & regiftrer ladite Declaration, & le contenu en icelle garder & obferuer exactement, fans qu'il y foit contreuenu en aucune maniere que ce foit. Et à tous Baillifs, Senefchaux, Preuofts, leurs Lieutenans, & autres Officiers de fadite Majefté, tenir la main à l'execution de ladite Declaration, à peine d'en refpondre en leurs propres & priuez noms, le tout nonobftant oppofitions ou appellations quelconques, defquelles fi aucunes interuenoient, en a referué la connoiffance à ladite Cour, & icelle interdite à toutes autres Cours & Iuges. Oüy fur ce le Procureur general du Roy : Tout confideré, LA COVR a ordonné & ordonne, que fur le reply defdites Lettres de Declaration fera mis, qu'elles ont efté leuës & regiftrées és Regiftres de ladite Cour, oüy

B iij

& ce requerant le Procureur genera[l]
du Roy en icelle, & qu'elles feront leuës
& publiées à fon de Trompe & cry public, & affiches mifes és Carrefours &
lieux publics & accouftumez de cette
Ville de Paris, & Copies collationnées
par le Greffier de ladite Cour, enuoyées
par les Prouinces, tant aux Generaux
Prouinciaux des Monnoyes, qu'aux
Iuges, Gardes, Baillifs, & Senefchaux,
Preuofts, & autres Iuges de ce Royaume, pour eftre pareillement leuës &
publiées, & tenir la main à l'execution
& entretenement du contenu en ladite Declaration, lefquels feront tenus
certifier la Cour de leurs diligences au
mois. Et neantmoins ordonné, que
tres-humbles remonftrances feront fai-
tes à fa Maiefté, fur l'éualuation por-
tée par ladite Declaration du grain des
efpeces d'or qui ont cours, & qu'apres
certain temps limité, elles feront dé-
criées de tout cours & mifes, & portées
à la Monnoye, pour eftre conuerties
en efpeces aux Coins & Armes de fa
Maiefté, & la iufte valeur rendué. FAIT

en la Cour des Monnoyes le dixhuictié-
me Nouembre mil six cents trente-
neuf.

Signé,　　　　　D E L A I S T R E.

Le Vendredy dix-huictiesme iour de No-
uembre mil six cens trente-neuf, fut la De-
claration du Roy contenuë cy-dessus, suiuant
l'Arrest de verification & registrement d'i-
celle, leuë & publiée à son de Trompe & cry
public en la Cour du Palais, ainsi qu'en la
Place, au deuant du grand Chastelet de Pa-
ris, & au deuant de la Maison & Iurisdiction
des Iuges Consuls, comme au deuant de la
grande porte de l'Hostel de la Monnoye de
cette Ville de Paris, & en trois endroits de la
ruë sainct Denys, sçauoir au Carrefour des
Fontaines des Saincts Innocens, à la Porte
aux Peintres , & proche la Fontaine de la
Royne, mesme en la Place de la Croix du Ti-
roir, Places des Halles, à la porte Baudoyer,
au Coin & Place de sainct Paul, au Carre-
four sainct Seuerin, & au deuant de la Bar-
riere des Sergens de la Place Maubert, en la
presence de nous Nicolas Lambert, & Michel
Rebours , Huissiers en la Cour des Monnoyes

ſoubs ſignez, par Iean Ioſſier Iuré Crieur
ordinaire en la Ville, Preuoſté, & Vicomté de
Paris, aſſiſté d'vn Iuré Trompette, & de deux
Commis deſdits Trompettes.   Ce que nous
certiſions veritable.   Signé, LAMBERT,
& REBOVRS.